©김유경

박일만

사람의 무늬

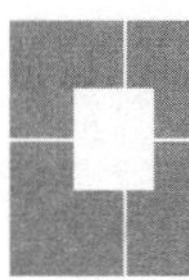

애지시선 039

사람의 무늬

2011년 11월 29일 초판 1쇄 발행

지은이 박일만
펴낸이 윤영진
편 집 함순례
디자인 함광일 이경훈
홍 보 한천규
펴낸곳 도서출판 애지
등록 제 2005-5호
주소 300 -170 대전광역시 동구 삼성동 125-2 4층
전화 042 637 9942
팩스 042 635 9941
전자우편 ejiweb@hanmail.net

ISBN 978-89-92219-33-4 03810

* 이 책은 2011년 경기문화재단 문예진흥지원금을 받았습니다

애지시선 039

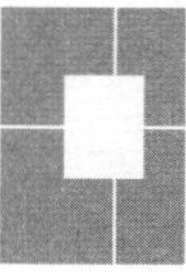

사람의 무늬

박일만 시집

□ 시인의 말

혼돈 속에서
갈수록 내 언어는 비틀댔다
한동안 방향을 잃기도 했다
단 한 사람의 가슴이라도 얻기 위해
맨발로 길을 나서보기도 했다
근원적 반성을 수없이 되풀이한 시간들,
그 많은 헛동작 중에서
흙냄새나 살 냄새 짙은 것들만 불러왔다

조촐하지만, 여기까지 왔다
사람과 사람의 등에 기대어
앞으로 가야 할 길이 멀다

2011년 늦은 가을
박일만

차례

제4부

제1부

실낙원

늘, 해바라기 씨가 먹고 싶다는 아버지. 활처럼 휜 등허리로 아침부터 파지를 가득 모으신다. 세상을 흔들어 논 전쟁, 잠깐의 피난길이 영영 돌아갈 수 없는, 해바라기 꽃잎 같은 총상으로 남아있다. 지워지지 않는 상처, 수십 년 꽃이 피고 져도 푸석거리는 땅에 헛뿌리만 무성할 뿐. 해바라기 씨가 먹고 싶다는 아버지는 눈감으면 언제나 고향 들판 서 계신다. 두고 온 가족들 바라보며 팔순 지나도록 해바라기 씨만 파종하셨다. 북쪽을 보는 꽃, 가슴 깊숙이 심고 또 심으셨다. 늘, 해바라기 씨를 수레 가득 싣고 다니시는, 그래서 몸이 바퀴처럼 둥글어지신, 조선의 아버지 우리 아버지

모퉁이 수선집

골목은 늘 객관적이다
백열등 밝혀 둔 좁은 공간
의족을 수선실 바깥으로 길게 걸쳐놓았다
바닥까지 검정물 든 손을 탁,탁 치며, 이제 그만 해야죠
그만둬야죠, 습관처럼 중얼거린다 초로의 사내
십수년인 듯 굵어진 손마디가 고집스럽다
피곤한 구두를 벗어 수선을 맡기는 저녁 무렵
내 구두는 이제 항해를 끝낸 폐선처럼 어둡다
좀처럼 광택이 살아나지 못할 거죽으로 찌그러져,
능동적이지 못한 내 성품을 비웃듯 손 빠른 사내
해진 일상을 기우고 봉긋한 광택을 생산한다
허리춤을 꾸욱 찌르고 견고한 실로 혈관을 심고
벌겋게 온몸을 지지고 닦아 환하게 빛을 복사해 낸다
자, 다시 한번 가면을 쓰고 살아 보세요
그래도 세상은 적당히 가리면 살 만하잖아요
손에 친친 광목을 감은 사내의 손놀림에 취해
왁스에 취해 밖을 바라본다

이 거리에서 오래오래 부대끼며 살아온 나
그만둬야지, 이제 정말 쉬어야지 하면서도
끝내 꽃피우고 싶은 무화과나무가 있는 거리 모퉁이
천천히 아주 객관적으로 어두워간다

계단

이 발밑에 단단한 짐승은 무엇인가
꼿꼿한 등뼈를 자랑하며 앞발을 치켜들고
부동자세의 근본을 마스터한 짐승
누군가는 이 길을 따라 출세에 오르고
누군가는 이곳을 거쳐 퇴장도 했을
땅속에 아랫도리 깊이 박고 포효하는 짐승
수많은 발들이 육중하게 오가도
끄떡 않는 선천성,
힘과 근육이 적나라한 태생이다
난간을 레일삼아 층층이 달려가는 고속열차다
시간도 여기서는 힘을 보태며
생의 속도를 가늠해 보기도 한다
멈춤을 모르는,
질주에 익숙한 근성
한때 나에게도 저런 유전자가 있었던가
이곳에 기대어 상승의 욕망을 키운 적 있었던가
등뼈를 타고 오르내리는 식솔들의 눈총을 맞으며

숨차게 페달을 밟기도 했겠지
건물 한 곳을 덥석 물고
출세를 향해 돌진하는 짐승
어설픈 처세에나 골몰하며 살아온 나,
어리석은 짐승

풍선미학

살아오는 동안 눈치 채지 못했다
아내를 안아보면 남모를 공간이 출렁
속살 사이로 바람 새는 소리 난다
이를테면
내 가슴을 찌르던 장밋빛이라던가,
햇살 꽉 찬 빛구슬이라던가,
먼발치에서도 환한 꽃사태라던가,
몸을 빠져나간
바람은 이제 무엇으로 남는가
무한대천 세상에서 인연 닿아
살 맞대고 살다 갈 우리
헤아려 보면 무엇으로도 규정지을 수 없는데
사람살이가 저 혼자 빛나는 것은 아니어서
서로 몸 부비며 사는 것이어서
주름진 몸 거기 뼈 마디마디에
웃음과 회한과 시끄런 강물소리 뒤범벅이다
헛헛해진 생 사이로 빠져나가는

바람, 바람, 바람
잡아라!

득음

얼마냐는 물음에 대꾸 없다
청계사 가는 산문 주차장 한쪽
낡은 트럭 짐칸에 앉은 국화빵 여자
또다시 가격을 물어도 미소만 보내온다
볼 붉은 꽃잎이 내 가슴을 파고든다
오천 원 지폐를 내밀자 그제서야 손으로 가리킨다
'한 봉지에 이천 원'
천정에 달린 가격표
비로소 알아차리고 셈이 건네진다
구구구,
산 쪽에서 우는 비둘기 소리, 듣는지 마는지
묵언 수행도 저처럼 슬퍼 보이지 않을 것이다
한 생을 선천성 침묵으로 태어나
멀찌감치 한구석 빌려 살아가고 있는
손짓, 몸짓만으로 세상을 읽는
저렇게 말없이 통하는 절 한 채도 있는데
쉿!

봄산이 꿈틀대며 기지개 켜는 소리 들린다

지구의 체적

사방천지 꽃들이 피어났다
산수유가 밝히는 노란 등불만큼 세상은
가벼워진다
나비가 날개를 펴고 날아오르는 만큼
지구가 가벼워지듯
꽃잎들이 수천수만 지구의 날개가 되어
공중에서 너울, 너울대기 때문이다

주검을 손에 들어본 적 있으신가
사람이 명을 다하는 때 일순 가벼워졌다가
서너 배 무거워진다 했던가
그러므로 상여꾼들은 혼자서는 안 되는 것이라고

아버지가 그랬다
종잇장처럼 가벼웠던 몸이
가눌 수 없는 무게로 내 가슴을 눌러왔다
그러다가 어느 순간

나비처럼 너울대며 떠나 가셨다

우리 몸을 집도하던 영혼이
중천이든, 천상이든 날아가고 나면
지구도 한층 가벼워지는 것이다

꽃도 영혼도 지구의 흔적이다

모항

잇몸을 활짝 열고 반기는 방파제 안쪽, 문득 그 여린 살 속으로 나를, 실오라기 하나 걸치지 않고 밀어 넣고 싶은 거 있지. 오장육부를 꺼내 짭조름한 해풍에 내다 말려서 빛바랜 세간 밑천 삼고, 내륙을 헌신짝처럼 버리고 말이야

큰 삶은 원치 않아. 남은 생 부려놓고 실팍하게 기댈 언덕과 바다로 창을 낸 쪽방 하나면 족해. 은사철 꽃잎 같은 여자 있으면 더더욱 민망하게 좋지. 바다를 껴안고 뼈를 삭히는 폐선 하나, 세월 낚는 참선에 득도하겠네. 건재한 어깨 근육을 말리는 무쇠 닻들, 녹슨 몸에서도 무지개 필 거라며 뻘건 휴식에 여념없네

아직도 철들지 못한
내 쓸쓸함을 채워주는
30번 국도가 잠시 뒤튼 몸을 고르는
거기 변산 모항바다,

민달팽이 1

스피커를 주파수 삼아 손수레 밀고 간다
아랫도리를 통고무로 싼 사내
재래시장 바닥을 알몸으로 뚫고 간다
균형있는 행보를 하기에는 뱃가죽이 얇아
손가락 더듬어 바람과 햇볕의 접점을 찾는다
햇빛 무성한 날에는 심장이 짓물러져
지나는 사람들의 번듯한 옷차림과
놓치는 웃음소리에 더욱 허기진다
몸속을 훑고 가는 뭇시선에 데일 때마다
출렁이는 오장육부, 어지러운 뇌수
숨겨도 숨겨도 노출되는 뻔한 생
대낮에도 검문당하는 불온한 나의 피
투명하게 사는 것이 오히려 허물일 때가 있다
배밀이로 살아온 긴 흙탕길
끊어진 줄 알고도 돌아가지 못하는 난장 길
알몸으로 살아가는 도심이 섬뜩하다
집도 절도 없이 내 안에 내가 사는,

알
— 내력

그러므로, 먼먼 옛날 조상은 알이었다. 기록은 없으나 풍문이 얘기꾼에게서 정리되고 수많은 입속에 남겨졌다. 집안 텃밭으로 일궈졌다. 조상님들 넌출넌출 알을 낳고 알에서 태어나 알을 치며 살아왔다. 달 같거나 朴 같은 알들 줄기줄기 뻗어왔다

그렇게 나는 새벽처럼 태어났는데, 새벽이 비명을 지르자 알로 튀어나왔는데, 할머니는 아버지를 껍데기라 하셨고 나를 알이라 하셨는데, 곧 새 시대의 이름이 되었는데, 아버지를 쏙 빼닮은 알로 자라나 눈—코—입 심지어는 거시기까지 닮은 순종 알인 나, 언제부턴가 신생 알을 몸속에 품기 시작했는데, 알들은 구석구석 다니며 내력을 달라 돌려 달라 목청 돋워 농성했는데, 나, 알의 소임을 다하고 알을 낳게 되었는데

그래서 나는 알이다. 혁거세의 알, 조상님의 알, 아버지의 알. 내 아들 또한 알이 되어 나의 근본에 의문을 제기

하는 알이 되었다. 아들은 본질을 뒤흔들며 닮은 나를 껍데기라 우겨댄다. 하지만 아들 속에 또 다른 알이 빙그레 웃으며 자라고 있으니 어떤 설법이 필요한지 내력의 잣대를 모르겠다

어미

갈라파고스 군도에는 수많은 새가 살고 있지
그 새들 중 세 척 장신 얼간이새는
제 스스로 그늘을 만든다지
망망대해 속 군도는 동물들의 배설물에
민둥산이 허다하다는데
새끼 얼간이새는 어미가 만드는 그늘에서 큰다지
하지만 어미에게는 기댈 나무 한 그루, 그늘이 없어
햇빛, 달빛에 번갈아 쏘여 민머리가 된다는데
엘리뇨로 반년은 우기이고, 반년은 건기
모진 더위와 추위도 반복되어 종잡을 수 없다지
그래도 얼간이새의 그늘은 변함없이 깊어
평안한 집이 없어도
얼간이가 되지 않는다지 얼간이새는,
한발이나 두 발로 종일 새끼의 그늘이 되어준다지
태양과 바다가 시시때때 싸움을 거는
거기에서는
위대한 어미들이 있어

시간도 기꺼이 천천히 그늘을 지운다지

나무보살

참선하러 갔다가
스스로 깨달으라는 말씀만 듣고 와야 하는데
절간 마당 합장하는 나뭇가지 꺾어 왔는데
나무는 본래 잎이 거름되고
몸통은 펄프 되어 다시 한번 세상을 산다는데
보시하는 그 마음 그만 까마득히 잊고 잘라 왔는데
아프다는 비명인지
그날은 바람 소리도 창문에 와 괴성을 질렀는데
내 신념이 꺾어지던 어느 날의 기억까지 쓰라렸는데
채 잊지 않은 내가 아프다는 나무를
그저 순식간에 도굴해 왔는데
숙소에 돌아와 절간에서 먹고 온 물을 싸고
다음 날엔 큰 것을 보았는데
아차! 그놈의 펄프가 터져 젖어드는 거라
큰 것을 손바닥으로 닦아 냄새 진동했는데
그 아침 보기 좋게 내가
음덕은 고사하고 미물도 중히 여기라는

펄프보살에게 여지없이 당했는데

개살구

삼 년간 동결 후 인상됐다
그들은 어김없이 기자회견을 자처했고
'대폭' 이라고 보도자료를 뿌렸다
아내와 나는 가계부를 살폈고
신문은 대서특필, 방송은 연일 앵앵,
대선大選이 얼마 남지 않은 시절이었다
우리는 축배의 잔을 들었고
기다리면 좋은 날도 오는 법이라고
힘껏 손을 맞잡고 셈해 보았다
치솟는 물가, 아이들 교육비 걱정 이제 그만,
그러나 뚜껑은 열어봐야 아는 거
쥐꼬리가 통장을 기어가고 있었다
그 꼬리에 혹해 계산착오를 했던 것
이번에도 여지없이 당근과 채찍을
잘 비벼놓은 전략이었다
불어난 마이너스 숫자를 보다가
친구 아들 결혼식에 몸 아프다 기별 넣고

방으로 간 아내에게 미안해 또 잔을 기울였다
빛 좋은 개살구 정치에게도 한잔 돌렸다
대선이 점점 다가오고 있었다

안구 건조증

이 봄날, 떠나간 사랑도 없는데
펑펑 눈물 쏟아낸 일 없는데
수축되어 일그러진 나의 형상, 어쩌면
현란한 세상 빛에 지친 혈관의 치매증이다

겨울 긴 터널을 빠져나오며 나는
담배를 피워 문다
생의 기록을 담기에는 너무나 많은 일이
내 몸을 마르게 하고
주변을 맴도는 빛의 압력, 자꾸만 통증을 낳는다
삶의 기항지는 언제나 바닷속 깊은 동굴과도 같이
침묵에 익숙한 모습일까

찬물이나 쓰린 소금물로도 아물릴 수 없는
살아 있음과 살아 있지 않음의 중간자로 떠도는
불안정한 입자인지도 모를
손바닥 펴고 가늠해 봐도 조절기능 상실된 안구

지금은 오리무중, 정말 모르겠는

더러는 가까워지고, 더러는 멀리 있기 위해
그늘에서 몸 적시려는데
낯익은 습도의 봄바람이 망막을 속이며 지나간다
봄, 날, 인, 데,

제2부

중심을 빼다

태생부터 지녀온 얼굴의 점
나를 조종하고 있었지
누구는 복점이라 누구는 흉점이라 했지
복점이라 여긴 나는 생의 중심이라며
미구에 찾아올 복을 점치기도 했지
중심이고 싶은 욕심,
어쩌면
행세하는 대열에 끼고 싶었던 건 아닌지
그래서 나도 밤낮없이
안달이 났었는지 모르지
결국 내 몸만 늙게 했던 점
그러나 이제 나는 주변인이지, 순식간에
의사의 레이저 총격으로 밀려났지
점을 향해 치닫던 중심을 버리고
가장자리에 선 것이지
배후가 홀가분한
아웃사이더인 나의 생

강변, 두만豆滿

이름이 꽃제비란다
이 거리 저 모퉁이 굿패처럼 떠도는
국적 모를 상표가 때 절어 반짝이는
누더기를 입고도 꽃제비란다
죽지 않고 살아남는 것만이 목적이 된 제비들이
향기도 채 여물지 않은 키 작은 한반도의 꽃들이
입하나 덜어 어미들을 먹이자고
발목 붙잡는 강을 건너 이국으로,
북, 북으로 먹이를 물러 왔다
철조망도 없는,
어른들이 장난처럼 쳐 놓은 국경을
버즘꽃 핀 홍안의 새 새끼들이 돌고 도는 강변
'잊지 않으면 되지 뭐! 돈이랑 많이 벌어 조국 가면 되지 뭐!'
기진한 배를 쥐고 골목을 쫓고 쫓기며 잔뼈가 굵어가는
국적도 학명도 불명인 꽃새들이란다
강물에 비친 낮빛이 서러워

건너편 민둥산도 양어깨를 들썩이는
이름이 꽃제비,
꽃을 먹는 제비란다

유물론

아버지가 아프시다
용하다는 점쟁이는 부적을 권하고
신통방통 보살님은 치성을 주장하고
도립병원 추천받아 간 대학병원에선
묻지도 따지지도 않고 입원수속 속전속결

그래도 아버지가 아프시다
부적값에 골몰한 점쟁이는 한판 굿을 주문하고
삼천 배가 힘들면 경전을 사서 보라는 보살님
현대적인 의사는 대책 없이 더 입원하라는

아버지가 아프시다
팔순 초입에 정신 줄을 놓으셨다
주워온 물건들을 집안에
주야장천 들여놓는 아버지

아버지가 모질게 아프시다

식솔들 끼니 걱정이 불러온 병
평생 가난 탈출이 유일한 업이었던 아버지
삼백육십오일 쉼 없이 공사판을 떠돌던 아버지가
팔순에 당도하자 그렇게 아프시다
평일도 휴일도 없이 아득하시다

밭뼈

밭을 갈다 캐낸 돌 하나
부드러운 살 속에 덮인,
흙이 살이면
돌은 밭의 뼈

아니
대대로 물려받은
선조의 뼈
흙에 생을 묻고
내력을 일구며 살아온
누대의 뼈

그래
흙은 오랫동안
돌이 제 몸을 깎아 뿌려 온
살

어쩌면 나는
이 흙을 밥 삼아 핏줄을 이어 온 것인지
나는

밭은 돌의 살
돌은 밭의 뼈

모텔 알프스

누이는 방마다 등을 켰다
설인들의 주머니를 호객하다가
몸속까지 꽃물 들었다
밤이면
슬픈 체위로 펼쳐지는 산길을 따라
강과 산과 나무들이 배회하는 골목마다
욕망을 사러 모여드는 설인들
누이는 순록을 타고 귀향하고 싶었다
시대를 맹렬히 탕진하는 뭇 사내들 지나간
가슴엔 늘 잠이 모자랐다
언젠가는 떠나야 마땅한 이 무허가 골목
빚만 늘어 발목이 먼저 시려왔다
최후까지 현대적인 모습이어야
향기 없는 사랑도 고풍적인 기억으로 남는가
달빛에 질펀하게 몸 젖을 때
제 몸 살라 사람을 밝히는 어둠뿐
그 숲에는 흰 꿈을 찾아다니는

설인들의 발자국만 가슴에 찍혀 오갔다

다운타운

계절은 쾌속으로 겨울을 향해 발진 중이다
입동 부근을 배회하며
지나온 시간을 털어내는 사람들
돌입하는 찬바람에 뼈마디가 삐걱인다
노을빛에 데어 얼굴 또한 검붉다
어디를 향해 가는지 모를 자동차 행렬
손가락 접어가며 셈하다가
그마저도 겨워 한길에 다리 뻗고 기댄 사람들
귀착지를 찾아가는 시간은 아뜩하고 허허롭다
몸을 공중에 매단 음식점 간판이
시침 뚝 떼고 빈속을 비틀어대는 역 부근,
이쯤에서 버거운 짐을 부려야 하리
집 떠나와 십여 년을 지닌
노숙의 때 절은 배낭을 어깨에 걸치고
양손에 박스조각 주워 들고
지하역 어디라도 상관없다는 투로
깡마른 사람들

온기를 찾아 꾸역꾸역 모여든다

더 깊게 어두워진다

금연담론

김 대리가 무너졌다
내 사전에 불가능은 없다, 작심 삼 개월
외로웠단다
지독히도 외로웠단다
머릿속 휑하고 가슴이 뻥 뚫린 듯
담뱃불로 불붙여주며, 마주 바라보며
웃음꽃 피우던 풍경이 그립더란다
어느 시대 논리로도 풀지 못할 난제였는데
모순일까 싶어 되짚어 봐도 알 길 없어
김 대리는 다시 불 댕겼다는데
끊고 나면 세상이 달리 뵐 거라는 애당초 작심은
슬그머니 꼬리 감추고 무릎 꿇었다는데
금연은 외롭다
흡연도 외롭다는 세상
그래서 빨간 꽃 웃음이나 구름도넛 만들어
위로하는 것이라는데
금연만이 살길이다 설파하던 김 대리

자꾸만 하얀 안도감을 뿜어댄다
머리카락도 흰 골초 김 대리

볼륨 2

화서시장 과일가게엔 달콤한 웃음이 있다. 저마다 둥글거나 타원인 얼굴들, 어느 구석에서 터져 나오는 웃음인지 지나가던 걸음들을 돌려세운다. 파리 몇 놈도 그 웃음의 진원지를 찾아 윙윙거린다. 목발 깁스한 의자에 앉아 파리 쫓는 주인 여자, 그녀의 둥근 어깨 위에서 탄력이 사방으로 튀어 나간다. 알몸으로 낄낄대며 도열한 과일들이 햇빛과 바람과 살 섞어 속 깊이 단물 쌓는 오후, 땀방울이 그녀의 호벅진 무릎 위로 떨어진다. 떨어지며 한낮을 더욱 밝히자 행인들의 시선이 집중된다. 향내 진화 중인 서너 평 밀림 속, 그녀의 뼛속까지 단내가 오른다. 달콤한 건 그녀였다. 나도 그녀와 긴밀히 살 섞고 싶다

나잇살

한때
집착이었거나 희망이었을 보따리
제 몸 가죽 단단히 당겨 걸머쥐고 있다
질긴 무늬로,
상처 혹은 편린들 긁어모아
주둥이를 봉쇄하고
불룩한 생을 이루었다
걷어 올려진 사지,
몰아 쥔 군살이 뿜어대는
팽팽한 긴장감이
연륜을 유감없이 보여주는 체형
아랫배 힘주어가며
추슬러도 흘러내리는 내 몸을 닮았다
무슨 꽃으로 피려는 걸까
봉오리를 닮은 뭉텅이 하나
육탈을 막으며 세상 구석 꿰차고 살아가는
울퉁불퉁 빚어진 나

채석강

네게 흘러가 보았지
부드러운 흙 대신
편편한 뼈가 발목을 반기더군
파도를 연주하는 서책 펼쳐 들고
들숨 날숨
하루 두 번 바다와 몸 섞으며
음색 또한 푸르고 깊었지
바닷새도 쪽빛 소리 물고 넘실댔어
켜켜이 쌓인 활자들의 합창
이마에 서녘 해를 밝히고 살아온 네 앞에서
술잔은 쉽게쉽게 바닥을 드러냈지
검푸른 파도가 연신 고성방가로 훼방 놓아도
너의 악보에 갇혀 여지없이 스러졌어
바람은 끊임없이 네 표지 넘기려 하고,
그렇게 번잡한 일상 부둥켜안고
너에게 잠입하듯 달려가 보았지
그때마다 멀리 물금 리듬에 맞춰

수수만년 연주한 악보만 올려다봤을 뿐
끝내
내 속조차도 못 보고 돌아 왔지

장외場外

그들 모두는 바람 든 가슴을 가졌다
허기로 잔을 채우고
사내들은 세상 고샅에서 닳아온
지문을 찍어대며 잠시 태생을 잊는다
가슴 부딪는 건배가 오가고
출렁대는 밤별을 무수히 담아
신산한 일상과 섞어 마신다
사내들 몸속을 파고드는 말간 전율,
그들은 늘 중심에서 비켜 있었으므로
생의 언저리에서 자주 굴절되던 의지를 세우려고
한낮을 달려왔는데 외려 비틀댄다
주고받는 삶의 지론이 왁자한 공간 속
비워내는 가슴에 고단함만 가득 쌓인다
일용직이든 공사판이든 그마저도
나날이 줄어가는 저 화려한 세상,
전등빛이 깜박이며 시간을 다그친다
더러는 멱살을 쥐다 가고

더러는 악다구니를 쓰다 자정 넘기면서
몇 방울의 불티까지 기울이는 술잔
속내를 비우자 주위에는 난장판만 남는다
포장 밖으로 튕겨져 나온 사내들 등 너머로
새벽이 비척비척 밝아오고 있다

중년

홀연히, 새벽에 깨어 앉아
잠든 식구들 둘러보는 일 늘었다
바보온달처럼 구겨져 잠입하는 집
투정 많은 아내도 잠들어 있을 때는
미간에 주름을 모으지 않는다
언제나 힘 좋은 임꺽정이 돼달라는 아들딸
가파른 언덕으로 나를 몰아 부치지만
털끝 하나 꺾을 수 없는 바람에도 자주
마음 무너진다
지푸라기처럼 서걱대는 고독을 숨기며
새벽잠이 줄었다
직장에서, 술자리에서, 사람들 틈에서
화살처럼 날아가는 시간을 잡으려고
머리띠 동여매는 일
수없이 늘었다

볼륨 1

백조세탁소 오늘도 성업 중이다. 이 앞을 스쳐가는 흙바람이나 우울한 표정들은 모두 표백된다. 순결만을 고집하는 서너 평 꿈의 공장, 바람이 주인 여자의 앞자락을 흔든다. 흔들다 저 혼자 뜨거워진 바람, 허리 굽힌 그녀의 가슴 안쪽 파고든다. 엷은 옷 끝 너머로 유두가 보였다 접혔다 한다. 만개한 자줏빛 꽃 두 송이 온종일 흔들흔들, 옷걸이에 걸린 헐렁한 녀석들도 힐끗힐끗 훔쳐본다. 주문이 쌓인 세탁물 사이를 오가며 그녀의 손이 마술사처럼 움직인다. 깨어나는 색깔, 사라지는 얼룩, 도시의 구겨진 꿈을 분주히 펴주는 백조세탁소. 그녀의 몸도 어느새 밝게 생산된다

파종播種

아이에게 젖을 물리고 있는 여자에게선
흙냄새가 난다
퉁퉁한 젖살에 불거진 힘줄을 통해
씨앗들이 무시로 넘나들기 때문이다
아이는 어미의 심장이 생산해내는
씨앗이란 걸 아는지 모르는지
젖 빠는 일에 열중이다
깊은 심장에서 자라난 씨앗들은
뿌리를 뻗고, 뿌리는 샘물을 긷는다
그러므로 여자의 몸속에는 깊은 우물이 있다
아이의 우물, 내력의 우물,
심지어는 제 몸을 부풀려
젖을 길어 대를 이어 물리는 일이다
조물주가 잘 빚어 세상에 내려준
촉촉한 농부,
여자의 몸빛이 젖빛인 까닭도
거기에 있지 않을까

제3부

아내의 거울, 혹은 렌즈

마주치지 않아도 속내를 훤히 아는 저 섬뜩함은 내가 뜬구름 헛바람에 이 산, 저 도시로 쏠려 다닐 때에도 그저 잔잔한 물일뿐이었다. 나는 새소리에 아침을 맞지만 압력솥 밥 끓는 소리에 신호를 맞추는 그녀, 구겨진 근심으로 옷을 다리면서도 촉수는 조용히 나를 읽고 있다. 도마 위에 내 얼굴을 올려놓고 한껏 다지기도 하겠지. 잦은 음주가무와 늦은 귀가에도 비 샐까 눈 들까 연잎 같은 믿음 펴주지만 물밑에서 눈동자만 굴리고 있는 나를 속속들이 알고 있다. 얼마나 들여다보았을까, 얼마나 유심히 살폈으면 두 눈이 넷 되고 볼록 되고 오목으로 변했을까, 내 살림은 단지 남루한 거울일 뿐일 텐데. 아내는 응시하고 그 앞에 서 있는 나는 늘 알몸인 듯 위태롭고

팔자걸음

팔자로 걷는다, 나는
두뇌가 눈치 채지 못하게 절묘하게 걷는다
내 발만의 기똥찬 비법이다
간혹 원숭이걸음이라 흉들도 보지만
따지고 보면 오랜 내력이다
그러므로 반듯하게 걷는 게 오히려 불편하다
남들이 딴죽을 걸면 뼈대 있는 조상 운운하면서
전생이 선비라고 항변하듯 농을 치면서
거울을 보고 꼿꼿한 연습 안 해본 것도 아니지만
엄지발가락 힘주고 걸으면 모델 못지않지만
팔자걸음이 타고난 팔자인가 보다, 나는
급할 것도 없는 세상, 시계는 저 혼자 분주하고
명분없이 뛰고 넘고 난리 통이다
그래서 완만한 팔자걸음이 참 좋다, 나는
조상님의 은밀한 관습이 배어있는
넌출넌출 줄 타듯, 춤추듯 걷는
내 몸에 잘 맞는 헌옷 같은 팔자걸음이

환장하게 좋은 것이다, 나는

민달팽이 2

십수 년 세간을 실어도
빈자리가 더 컸다
전등 꺼진 빈방을 둘러보는 아내 얼굴
어느덧 즐문의 강이 흐르고
내 무능이 실핏줄처럼 백일하에 드러났다
아이들의 두 뺨은 콩나물처럼 자라서
팔다리가 짧은 옷이 더 많았고
담장 밑 풀밭이 유일한 놀이터였던 해바라기
그늘에 밟혀 목이 먼저 길어져 갔다
남들보다 재빠르지 못한 천성이
산동네 굴속 같은 방 한켠
장판지를 눌어붙게 한 것은 아닌지
철 지난 신문으로 애써 가려 놓았던
아랫목이 어둠보다 더 검게 울었다
채울 것도 없이 갈비뼈 어긋난 찬장
손잡이를 잃고 매번 몸 데던 프라이팬
아내의 지문에 상처 긁힌 밥솥까지

살내 나는 세간들 모두 실어도 허전한
트럭이 언덕길을 밀고 내려간다
언덕 아래 동네에서
타워크레인이 종일 작업 중이다

부업

아내가 기계를 들여왔다
새 식구처럼 거실 한쪽을 차지한 기계
전자부품 완성 하나에 육십 원이란다
온종일 돌려대도 백 개를 못 채우고 기진맥진,
육천 원이면 한 끼 값은 족하다고 강변하겠지만
노동의 대가치곤 박하다 싶다
돌아가는 기계 소리에 월급봉투 얇은 나만 좌불안석
덜덜거리는 기계 소리가
내 가슴 밑바닥에 전차 바퀴자국을 찍어댄다
그때마다 폭폭 꺼지는 내 심중은 아랑곳없이 열중하는
그녀
저 소리는 분명 나를 향한 시위이리라
아이들이 클수록 더욱 생활전사가 되어가는 그녀 앞에
알량한 내 자존심은 한없이 주눅 든다
삶은 곧 전선 없는 국지전이란 듯
아침부터 저녁까지 집안가득
드르륵 드르륵 난사되는 기관총

물끄러미 쳐다보는 나를 겨냥해
그래도 그게 어디냐고, 땅 파면 돈 나오느냐고
곁눈질 한번 주지 않고 기계를 돌리는 여전사
아내가 쓰러져 잠들자 가만히 내가 기계를 돌린다
드르륵 드르륵, 덜덜덜

나는 수거된다

우리 아파트는 매주 화요일이다
분리수거의 날
아시겠지만 분리수거란 온전치 못한 말
버리라는 것이 아니라 가져가라는 것이다
오늘도 아내는 불룩한 봉투 들고 나간다
깡통, 비닐, 박스 조각이 제각기 소리를 낸다
그 소리는 식구들의 또 다른 흔적
그동안 쌓인 근심과 찌꺼기도 섞여 있다는 걸 안다
아내는 봉투 속에서 제일 미운 나를 찾아내
던지기도 하고, 비닐에 넣어 입을 틀어막거나
큰 통 속으로 구겨 넣기도 한다
처지가 비슷한 이웃들과 차곡차곡 쌓이거나
트럭 짐칸에 간을 맞추듯 쟁여진다
배출된 나는 이제 삭혀질 것이다
게으름과 냄새, 주색잡기와 섞이어 발효될 것이다
그녀의 심중도 홀가분해지겠지
일을 마치고 돌아가는 뒷모습의 아내

어느새 쫄래쫄래 뒤따르는 나
오늘도 나는 수거된다
무사하다

커튼

입주부터 함께 산 여자
목덜미를 깨물며 어깨를 할퀴며
공중에 척, 묘기를 부리고 있네
아침저녁 번갈아 얼굴 바꾸며
잘 살아보자고, 엉켜보자고
쓰리거나 우울한 내 속을 다독이고 있네
계절마다 새로운 풍광을 보여주며
나의 온갖 냄새에 향수도 뿌려주고
습성과 비리를 세상에 소문도 잘 내는 여자,
장막이라 부를 수 없네
이곳 안에서 몸을 섞고 아이를 낳고 생을 꾸려 왔네
치마를 펼쳐 가정사를 산뜻하게 가리고
하루 두 번 속곳을 보였다 가렸다 하는,
쓸데없이 힘만 센 내 거시기도
행위도 함께 즐긴 여자
평생을 그렇게 긴 치마 한 벌로
나를 붙들어 논 여자, 한 폭의 여자

파장罷場

시동 꺼졌다
관절을 헤집는 바람에 섞여
완강했던 근육질도 풀렸다
눈 한번 껌벅이는 기력도
저물 줄 모르고 힘껏 달려온
추진력도 모두 빠져나갔다
숨소리 한층 무거워졌다
야윈 관절을 접고 접으면
결국 점이 되는 몸
헐렁해질 대로 헐렁해진 몸속에서
적막한 절 한 채 짓고 계시다
아버지

부부싸움

밤새 파도가 창밖을 서성였다
뿔을 세우고 서늘히 돌아누운 등뼈
가만히 방바닥에 귀를 대어보면
그녀의 무늬 진 한숨 소리 들려왔다
그 속에서 삼백예순날이 켜켜이 쌓이고 자라
기둥이며 서까래를 받치고
남루한 살림이 꿈틀대고 있었다
저 왜소한 등뼈로 버텨온 세월이 얼마던가
세찬 바람을 견디며 살아온 침묵이 얼마던가
희부연 시간만 흘러갔다
알지! 내 그 속을 모를 리 없지마는
철썩거리는 파열음만 무심히 속내를 채우고 있어,
서로 팽팽하게 수직으로만 내리던 칼날이
수평이 될 때까지 고요하게 뒤척인다
아침 새가 분주한 목소리로
구름장을 활짝 걷어내고 있다

어머니의 담석

꽃잎이 질 때마다 울음 밥을 드셨다
약 한 첩 못써보고 봄길 따라 보낸 아우
그 슬픔 잿불에 묻고도 삭히지 못하셨다
백일을 못 넘긴 기막힌 부재
마른기침에도 삭정이 부러지는 날들이셨다
햇살이 형제봉 너머 서녘으로 사라지면
마음엔 더욱더 어질머리 일었다
어머니! 이제 막내는 잊으세요
꽃이 서른 번도 더 피고 졌잖아요
그 핏덩이 어찌 여태 눈에 밟힌다냐
발그레한 옹알이가 칠순까지 따라왔다
사람의 피는 태워도 산불처럼 번진다 했던가
산통 앓던 시절 아직도 수습되지 못하고 남아
꽃잎이 질 때마다 들바람 산발한 채 불어오고
어머니, 짐승 같은 기침에도 가시지 않던 응어리
키가 큰 돌멩이로 자라났다

아내의 함몰유두

처음엔
눈부신 빛이었다 차츰
흰빛에 둘러싸인 검은 분화구가 궁금했다
밋밋함이 그땐 그랬다
잘 빚은 술빵 가운데 검은 우물
아하! 여자의 중심은 이런 거로구나 하였다
달리 보면 오래전 상처의 흔적인가 싶었던
그땐 그런 줄만 알았다
움푹한 우물 속에서 가끔 내밀던 고개는
아이가 들어서면서 부터 함께 자랐다
젖꽃판 중심이 어느새 오디를 닮아 가고 있었다
찬바람 피해 몰래 잎 뒤에 감추고
흐르는 핏줄을 뜨겁게 한곳으로 모았던 것
그 밋밋하고 검은 점은
아이들 몫이었던 것이다

꽃 피는 아버지

저승꽃이라고도 하지 아마. 한 잔 술에 불콰하게 피는 저 꽃. 전란 중에 터지던 대포꽃을 닮아 인동초로 살아온 얼굴에 홍매화 피니 오히려 따뜻하네. 사철 푸른 나무들의 입술이나 눈보라 하얀 유혹에도 곁눈질 아끼시며 여섯 자식 키우셨네. 옹이 박힌 손마디는 매화木을 닮아 있네. 정이월 잿빛 마음 걷어내는 꽃봉오리, 아버지 열망처럼 노안에 취해 바람 타고 일제히 날아오를 것 같네. 저렇게 주름과 주름 간격이 잠깐인 생이라면 아버지 너무 많이 걸어오신 길목인데, 겨우 저승꽃이라니 저승꽃! 설핏한 속눈썹 날리고 깊고 검은 눈에 꽃등불 떠가네. 붉은 체관 타고 오르는 씨앗들 생각에 봄보다 먼저 꽃물 드는 아버지, 봄산처럼 휘황한 꽃상여 되어가네

유일한 식사

아버지가 밥을 남기셨다. 영문 모르는 누이가 핀잔을 주었다. '요것이려거든 남기지나 마시지' . 어머니는 말이 없으시다. 예전에도 그랬단다. 종갓집 며느리 할머니는 밥상 한번 함께 못하고 부엌에서 녹록하게 사셨단다. 끼니가 힘들어 굶는 일이 다반사였던 시절, 어머니는 여전히 말이 없으시다. 누이는 아랑곳없이 핀잔을 준다. 그것은 예전부터 할머니를 위한 할아버지의 아량이었다. 행여 다른 식솔들 눈치챌까 주발에 숨겨서 밥상을 물리셨던, 할머니의 유일한 식사였던, 지아비가 지어미에게 주발 깊숙이 한 젓가락 남기신 거였다

빈 항아리

잡초 웃자란 마당가에
허리 굽은 어머니
달팽이 걸음으로 한낮을 밀고 있다
뼈마디 사이로 눈치 없이
찬바람 무시로 드나드는데
간장 된장 숯덩이 비워낸 항아리처럼
고랑에 천천히 궤적을 긋고 있다
품었던 알들 모두 키워 내보내고
텅텅 울리는 빛바랜 항아리,
다달이 피던 꽃도 시든지 오래다
붉은 꽃시절 다 보내고
웃음조차 말라버리시더니
단맛 짠맛 매운맛 온전히 비워내셨다
여섯 자식을 빼내고도 일손 놓지 못하고
등허리 돌돌 말린 어머니
키 작은 항아리 속에 종일 들어 계신다

이장移葬

무척이나 불편하셨겠다
늑골이 무너져 누우신 자리에서
잊는 법을 터득하는 중이신가
염을 했던 허물까지 벗으신 채
의치를 내보이며 웃고 계셨다
가지런한 뼈 사이에서 들려오는
헛기침 소리,
식솔 거두시랴 객지 생활하시랴
늘, 바람 속에 집을 짓고 사셨지
실향의 비탈진 삶
그러나 애써 호방하시던 성품,
이제 그만 세상의 업보를 푸세요
꽃 덮고, 햇빛 덮고
고단한 마음 부려놓고 바람처럼 잊으세요
세월이 참 많이도 흘렀어요
천근만근 떨어지지 않는 발을 떼며
하산하는 길

희끗한 머리카락 몇 따라와 기척을 했다

아, 아버지!

제4부

놋쳉잉 씨

아이 셋을 낳고도 한국인 되지 못했다
까맣고 눈 큰 여자
얼핏 보면 내남없는 얼굴이
몸뻬 입고 큰 수건을 둘러써도 어색해 보였다
아이들은 커갈수록 남방인 표시가 나서
바깥보다 집안에서 칭얼댔고
살림은 서리 맞은 배추처럼 후줄근했다
산동네 척박한 자갈밭이나
손바닥에 박힌 대못으로도
삶의 중심을 이루어내지 못한 십 년
캄보디아 고향마을 바람이 이명처럼 파고들어
풋잠만 늘어가는 놋쳉잉 씨
오늘도 혼인 신고서는 반려되었다
불법체류자에 미등록자로
아이들의 엄마, 남편의 아내가 되지 못하고
종착지 없이 남남으로 살아가는,

수화하는 여자

지하역에 서서
허공에 말을 쏟아내는 하얀 손가락
신문을 보고 있거나 무표정한 청중사이
무슨 연설하는지
나를 향한 것인지
나는 그 긴 문장을 읽으려고 발돋움 한다
그녀가 허공을 휘저을 때마다
내 안에 무수한 동그라미가 생기고
자음과 모음이 쌓이고
한 폭의 커다란 그림이 펼쳐진다
전동차가 다가오며 창마다 그녀를 가두자
그녀가 잠시 상영…
느리게 문이 열리고 빠르게 닫히고
전동차 속으로 빨려드는 그녀
창문 칸칸마다 따스한 그림이 내걸린다
무엇일까, 해독할 수는 없지만
그녀가 쏟아놓은 씨줄과 날줄은 어느새

넘쳐나는 말 속에 살고 있는 나에게
말없이 손짓만으로도 통하는 길을 일러준다
소음도 뚫고 공간을 건너 반대편 에까지 연출되는
그 소리없는 율동이 지하역을 환하게 밝힌다
팔랑거리는 그녀,
나비가 되어 날아간다

우유 아줌마

아침마다
책상 귀퉁이에 놓여지는 여자
어느덧 내 일상 속으로 잠입했다
혹여,
나를 흠모한 정력제는 아니겠지
부질없이 내 마음속 모서리를 넓혀 놓는,
아니 어쩌면
전생에 나의 생모였을지 몰라
손수 젖을 짜
우주를 몇 바퀴 돌아 새벽에 당도했을지 몰라
어둠을 젖히고 먹이를 나르는 어미새처럼
소리없이 왔다 가는 부리 흰 아줌마
새벽마다 나에게 젖을 물려 놓고
밀차를 끌고 평화롭게,
평화롭게 사라지는
그림자도 하얀 우유 아줌마

불난타

석유 향에 취해 하늘땅과 춤을 춘다
불을 뿜는 여장남자
맨살 드러난 짧은 치마와 댕기머리
한눈에도 사내인 뭉텅한 허리 살
각설이 사내는 이제 마흔이라 했다
고향이 전라도 어디라 했다
객지로 도는 동안
어머니는 칠순이 되시고
세발낙지 지천이던
황금 펄은 쩍쩍 갈라졌다 했다
냉가슴에 불붙여 둥!둥!둥! 북을 치면
텅 빈 객석을 남녘 별들이 채워 주었다
세상사 별거 있냐고
분장을 지울 때마다
살다 보면 좋은 날도 오지 않겠느냐고
별들이 폭죽처럼 피어났다
품바! 품바!

자본*

포르노 봤다
방바닥을 사정없이 끌어안고
미국산 빨간 테이프 봤다
시작부터 X들은 무대뽀였고
Y들은 끝까지 무자게 악썼다
X들은 거대한 중심을 곳곳에 들이댔고
Y들은 넓은 땅덩이를 빙빙 흔들어 댔다
자본이 저렇게 큰 볼륨인가 부럽기도 하다가
오지랖이 넓어 저렇게 빵빵한 풍요인가 싶다가
스쳐가는 화면 속 희미한 배경에
위장한 무한궤도 산야를 꽉 채우고
긴 혀로 핥고 가는 장면 중첩돼 보이는 것은
낡은 관념인가 싶다가
아니다! 아니다!
짓이겨진 꽃들의 몸통이 뇌리에 머무는 것은
작은 중심이 설 수 있는 땅은 따로 있다는
자위였던 것인데

물결치는 분노를 내려다보며
느물느물 미소 짓던 X들이 떠올라
등줄에서 정수리까지 달아오르기도 했던 것인데
닳아빠진 관념은 또
포르노에 중독돼 가는가, 미국산
정말 대책없이 찐한 테이프 봤다

* 미군장갑차에 여중생들이 압사 당한 사건에 부쳐

정선장場

군청에서 내준다는
자리 하나 꿰차지 못한 채
좌판을 벌여 놓아도 햇살만 기웃,
노파를 닮은 산나물 그릇들 수척하다
잘 지냈소?
외지 장사꾼이 모여들며 인사를 건네도
무심한 얼굴로 바라보는 아라리
아라리로 흘러가는 산천만 낯빛이 깊다
쇳소리 목청들로 메워지는 장마당
사방에서 모여 팔방으로 흩어지는
바람 같은 생들이 목을 빼고 닷새를 외친다
한 묶음 삼천 원, 둘에 오천 원!
어깨 걸친 산맥들이 연대하여 세상을 불러 모으는
하루가 분주하게 저물어 간다
비끄러맨 구절초 꾸러미들 툭, 툭 햇살을 끊고
어느 사이 난장이 휘청하자 뼈대만 남는 골목들
번잡한 소리와 몸짓들이 사라진 바닥엔

흙먼지만 난분분 난분분,
펄펄 끓다만 가마솥이 적막과 함께, 휴!
뒷담화를 즐긴다

엿장수

어느 시대의 검객인가
야밤을 피해
대낮에도 칼질을 해대는

시대를 늦게 탄 외로운 검객인가
혼자서도 쌍칼을 들어 잘도 겨룬다

아예 두 칼을 단단히 비끄러매고
더 이상의 후퇴란 있을 수 없다는 듯
비장한 각오로 불꽃을 튀긴다

매미마저 도심 나무위에 숨어 칼을 가는
저 무림 속의 현대
우리들의 검객
마땅한 상대도 없이 무한정 고수를 찾아
제 속의 저와 겨루며 사는

대명천지에 칼꽃을 튀기며
온 동네를 피로 물들이는
예리한 손놀림의 저 검객

낫

불의 뜨거움 속에서
순함을 다스려 우려낸 몸이다
저잣거리를 떠도는, 다분히
천박한 태생이었으나
짙푸른 분노를 두드려
날카로움을 얻었기에
그 품성이 매사에 도리를 다하는
촌부의 둥근 갈비뼈를 닮았다
그러하니 암흑 속에 몸을 던져
세상을 세우고자 하는 모든 이의
귀감이 되고도 남음이 있다, 오늘 밤
한 시대의 어둠을 삭혀 횃불을 높이 드는
선지자의 눈빛이여, 이것은
침묵을 섬기는 몸
짙푸른 분노를 두들겨
날카로움을 안으로 숨긴
지혜의 둥근 덩어리

내소사

숲과 숲이 가슴 부비며 만나는 길을 가뭇없이 바라보는 내소사. 나도 그 뜨락에 앉아 두고 온 마음 털 듯 숲을 바라본다. 천 년 느티나무 숨소리와 솔 향기가 경내를 채우는, 천수천안관세음보살이 가슴을 깊이 열고 앉아 세상사 드는 길과 나는 길을 손바닥에 가지런히 펼쳐 보이는, 경계에 쭈그리고 앉은 나는 어느새 초록 물든다. 허공중에 매달려 바닷속 푸른 시절을 그려보는 목어처럼, 물든다. 산 메아리가 읽어주는 독경소리 조용히 세상과 나의 경계를 허물고 있다

나무 가족사

덕유산 향적봉
능선에 터를 잡은 노간주 일가
어미는 이미 늙고 병들어 수척했고
갈라진 자궁 틈에 자식을 낳아 키우고 있었다
핏기 가시고 관절 꺾이어 반쯤 몸 기울인 어미,
어미의 가랑이 밑에서 자란 새끼나무 몇몇,
장성한 자식들이 기막히게 뻗은 손에 기대어
버티고 있었다
간신히 숨 붙어 있는 어미를 자식들이
양손 겨드랑이에 넣거나 어깨를 받치고,
어미도 곁의 자식들에게 마지막 남은 온기를
건네주고 있었다
칠십 평생을 찬바람 속에 살면서도
가슴은 늘 자식들을 덥히신 어머니,
어머니를 한번이라도 그렇게
안고, 업고 부대낀 적 없는 나만 부끄러웠다
능선 길이 내내 울컥 차올랐다

등

기대오는 온기가 넓다
인파에 쏠려 밀착돼 오는
편편한 뼈에서 피돌기가 살아난다
등도 맞대면 포옹보다 뜨겁다는
마주보며 찔러대는 삿대질보다 미쁘다는
이 어색한 풍경의 간격
치장으로 얼룩진 앞면보다야
뒷모습이 오히려 큰 사람을 품고 있다
피를 잘 버무려 골고루 온기를 건네는 등
넘어지지 않으려고 버티는 두 다리를 대신해
필사적으로 서로의 버팀목이 되어준다
사람과 사람의 등
비틀거리는 전철이 따뜻한 언덕을 만드는
낯설게 기대지만 의자보다 편안한
그대, 사람의 등

주민등록등본

등과 본의 간격 알맞게
형광등을 매달았다
지붕을 엮을 때 차마 떼어낼 수 없었던
셋방살이 흔적도 얹어 두었다
문패 선명한 대들보며 서까래
맨 위층을 골라 부모님 드리고
차례차례 들여앉힌 식솔들의 방
빈칸 없이 사이좋게 뼈와 뼈를 맞추었다
눈비 맞을세라 자식을 대대로 품은
처마 밑, 마루, 창틀 정겨워
삼대가 한집에 살아도 북적대지 않는
저 질서 정연한 내력의 거처
또 다른 씨앗들의 몫으로 비워둔 몇몇 층
주춧돌 근처 아궁이에선
준공검사필
따뜻한 군불로 오래도록 타고 있다

상처가 사람의 무늬를 만든다

포경수술을 하고 온
중학교 삼 학년
아들 녀석을 보고 우리 부부는
웃었다
투정과 장난기 덕지덕지 하던 얼굴
온데간데없고
제법 근엄한 미륵불 같았다
산전수전 다 겪은 듯
무거운 얼굴로 생각에 잠겨 있었다
그 소리 없는 등짝을 타고
들바람, 산구름, 눈, 비 들이치고
봄 여름 가을 겨울이 빠르게 건너가고 있었다
한참이 지나도 예전 그 모습
돌아오지 않아 웃었다
녀석,
깊어지고 있었다

땅끝

그는 끝이라 하고
나는 시작이라 우깁니다
등을 곧추세우고 서 있는 반도의 몸
전신을 적시는 쪽빛 바다에 좌표를 세워
어지럼증이 저절로 가십니다
중심이 솟아납니다
땅과 물이 애초부터
하나임을 보여준 때문인가요
여러 갈래로 휘청이던 길이 몸을 포갠 곳
처음과 끝이 뒤섞이며
푸르게 웃는 어깨너머로
바닷새들이 높게높게 원무를 춥니다
당신과 나
여기가 시작입니다

ㅁ 해설

말없는 손짓으로 통하는 길
— 박일만의 시

오홍진(문학평론가)

1.

박일만의 시에서는 중년의 쓸쓸함이 아련하게 묻어 나온다. 중년의 쓸쓸함을 단순히 인생에 대한 쓸쓸함이라고 단정 짓지 말자. 시간의 횡포에 대한 쓸쓸한 인식이 박일만 시의 한 자리를 차지하고 있다면, 그러한 시간의 횡포(비애) 너머에서 뻗어 나오는 보이지 않는 세계의 진실에 조금씩 눈 떠 가는 존재의 모습이 박일만 시의 또 다른 면모를 형성하고 있다. 요컨대 시간의 흐름에 갇힌 존재의 삶과, 시간 너머의 삶을 하염없이 열망하는 존재의 삶 사이에서 박일만의 시가 탄생하고 있거니와, 그것은 무엇보다

"끝내 꽃피우고 싶은 무화과나무"(「모퉁이 수선집」)의 불가능한 열망과 맞닿아 있다는 점에서 엄청난 고통을 예기하는 작업이 아닐 수 없다. 박일만 시를 관류하는 쓸쓸함의 정조는 실상 이러한 역설의 광장에 서 있는 존재라면 반드시 겪어야 할 시적 고독의 한 형태로 제시되고 있는 셈이다.

'객관적' 이라는 비시(非詩)적인 용어가 두 번 쓰이고 있는 「모퉁이 수선집」을 먼저 보자. '객관적' 의 사전적 의미는 "(개인적 주관을 떠나) 보편타당성을 가진 (것)" 으로 풀이되어 있다. 보편타당성을 누구나 인정할 만한 상식 정도로 풀이한다면, 객관적이라는 말은 개인적 주관으로 환원될 수 없는 상태나 상황을 나타낸다고 볼 수 있겠다. "골목은 늘 객관적이다" 로 시작해서 "천천히 아주 객관적으로 어두워간다" 는 시구로 끝나는 이 시는, 객관적인 세계에서 객관적이지 않게 펼쳐지는 일상의 삶을 시화하고 있다. 골목이 객관적이라는 것은 무슨 의미일까? 일단 어떤 골목인지 생각해 보자. "백열등 밝혀 둔 좁은 공간" 에 의족을 한 "초로의 사내" 가 벌인 구두 수선집이 있다. 십여 년 넘게 일을 한 사내는 "바닥까지 검정물 든 손을 탁, 탁 치며, 이제 그만 해야죠/ 그만둬야죠, 습관처럼 중얼거린다". "이 거리에서 오래오래 부대끼며 살아온 나" 가 어느 날 사내에게 낡은 구두를 맡긴다. "폐선처럼 어둡다" "능동적이지 못한 내 성품" 등의 시구에 드러나는 대로, 구두의 주인인 '나' 역시 사내만큼이나 팍팍한 일상을 살아가고 있다.

구두 수선을 매개로 만나는 두 사내의 이야기는 그러나 "해진 일상을 기우고 봉긋한 광택을 생산한다"는 진술에 표현되거니와, 좀처럼 광택이 살아나지 않는 구두에서 환한 빛이 스며나오는, 가난한 이들이라면 꿈꾸는 희망의 정서를 근간으로 하고 있다. 바닥까지 검정물이 든 손이지만, 사내는 "굵어진 손마디"로 고집스럽게 낡은 구두에 빛을 내는 제 일을 완수한다. 사내의 손끝에서 환한 빛으로 거듭나는 구두의 형상은 항해를 끝낸 폐선처럼 황폐한 화자의 일상에 새로운 빛을 던져주는데, "그만둬야지, 이제 정말 쉬어야지 하면서도/ 끝내 꽃피우고 싶은 무화과나무"를 상상하는 화자(나)의 다짐은 사내의 이러한 고집스런 장인정신으로부터 비롯된다고 봐야 할 것이다. 서민들이 사는 골목이라면 어디서나 볼 수 있는 '객관적' 풍경은 이렇게 한 사람의 내면에 잔잔한 파문을 일으킨다. "거리 모퉁이/ 천천히 아주 객관적으로 어두워간다"는 시의 결구가 화자의 쓸쓸함만으로 채워지지 않는 이유는 여기에 있다. 시간의 흐름이야 어쩔 수 없는 일이지만, 운명처럼 드리워진 시간 앞에서도 환한 빛을 내는 사람들은 여전히 존재한다. 사내의 객관적이지 않은 삶은 그러므로 꽃을 피우고 싶은 무화과나무의 불가능한 삶을 역설적으로 보여준다. "어설픈 처세에나 골몰하며 살아온 나"(「계단」)와는 근본적으로 다른 사내의 삶을 통해 시인은 누구나 살 수 있지만, 아무나 살 수 없는 삶의 비밀을 이야기하고 있는 것이다.

살아오는 동안 눈치 채지 못했다
아내를 안아보면 남모를 공간이 출렁
속살 사이로 바람 새는 소리 난다
이를테면
내 가슴을 찌르던 장밋빛이라던가,
햇살 꽉 찬 빛구슬이라던가,
먼발치에서도 환한 꽃사태라던가,
몸을 빠져나간
바람은 이제 무엇으로 남는가
무한대천 세상에서 인연 닿아
살 맞대고 살다 갈 우리
헤아려 보면 무엇으로도 규정지을 수 없는데
사람살이가 저 혼자 빛나는 것은 아니어서
서로 몸 부비며 사는 것이어서
주름진 몸 거기 뼈 마디마디에
웃음과 회한과 시끄런 강물소리 뒤범벅이다
헛헛해진 생 사이로 빠져나가는

바람, 바람, 바람
잡아라!

—「풍선미학」 전문

생이 헛헛해진 이유는 몸을 채우고 있던 바람이 몸 밖으로 빠져나갔기 때문이다. 몸 밖으로 빠져나간 바람을 장밋빛이라 하든, 빛구슬이라 하든, 환한 꽃사태라고 하든, 한때 부풀어오른 풍선처럼 시인의 마음을 꽉 채웠던 이상들은 이제 잡고 싶어도 잡을 수 없는 바람이 되어버렸다. 시인은 "잡아라!" 라는 시적 외침으로 시를 끝맺고 있다. 헛헛해진 생을 넘는 유일한 방법은 바람을 잡는 도리 밖에는 없다. 그런데 어떻게 잡을 것인가? 젊은 시절 꿈꾸던 생의 이상으로 바람을 불어넣는 건 시간의 흐름을 역행한다는 점에서 지금은 불가능한 일이다. 그러니 방법은 하나 밖에 없다. 위 시에서 보듯, "살 맞대고 살다갈 우리" 의 삶을 시인은 표나게 강조하고 있다. 사람살이가 저 혼자 빛나는 것은 아니라는 것을, 서로 몸 부비며 살아가는 것이 사람살이라는 것을, 그리하여 그러한 사람살이의 여정 속에서 새로운 바람이 채워질 수 있다는 것을 시인은 드디어 눈치 챈 것이다. 시간의 저편에서 빛나는 "웃음과 회한과 시끄런 강물소리" 는, 타자(우리)의 삶을 경유하여 헛헛한 나의 삶으로 다시 돌아온다. 살아오는 동안 눈치 채지 못했던 아내의 "남모를 공간"은 무엇보다 '나'의 외부에 오롯하게 남아 있는 타자의 흔적과 다르지 않을 것이다.

「실낙원」에 등장하는 아버지나, 「민달팽이 1」에 묘사되는 "아랫도리를 통고무로 싼 사내" 역시 이러한 "남모를 공간"의 흔적으로 시인과 마주하고 있다. "세상을 흔들어 논 전쟁" "북쪽을 보는 꽃"에 드러나듯 아버지는 한국전쟁이 낳은 역사적 피해자이다. "늘, 해바라기 씨가 먹고 싶다는 아버지"는 북쪽에 두고 온 가족을 그리워하며 팔순이 넘도록 해바라기 씨만 파종하였다. 땅에 심은 해바라기 씨는 온전히 아버지의 가슴으로 옮겨져, 늘 태양을 바라보는 해바라기처럼 아버지는 북녘 땅만 바라보았다. 통일이 되지 않으면 끝내 풀리지 않을 아버지의 한(恨)은, 아들이라도 치유하지 못할 '남모를 공간'으로 남아 아버지의 삶에 드리워진 비극성을 강화한다. 아버지의 이러한 한을 아버지의 한이라고만 말할 수 있겠는가? "조선의 아버지 우리 아버지"라는 「실낙원」의 결구는 아버지의 삶에 새겨진 역사적 비극의 보편성을 새삼 강조한다고 보면 좋을 것이다.

아버지의 비극은 아랫도리를 통고무로 싸고 "재래시장 바닥을 알몸으로 뚫고" 가는 사내의 비참한 삶에도 그대로 이어진다. 일반 달팽이와는 달리 패각(貝殼)이 없는 민달팽이의 형상을 사내의 모습과 유비시키고 있는 이 시는, 집(패각) 없이 알몸으로 세상(시장바닥)과 맞서고 있는 존재의 비극을 아프게 그려내고 있다. "배밀이로 살아온 긴 흙탕길/ 끊어진 줄 알고도 돌아가지 못하는 난장 길"에 드러나는 바, 사내에게 인생은 막다른 길인 줄 알면서도 돌아나올 수 없는 운명의 세계와 다르지 않다. 사람들의 농치는 웃음소리가 싫다고 돌아나갈 수 있는 길이라면, "알몸으로 살아가는 도심이 섬뜩하다"는 서글픈 현실에 애초부터 빠져들지 않았을 것이다. "투명하게 사는 것이 오히려 허물"일 수밖에 없는 민달팽이 사내의 비극은 "숨겨도 숨겨도 노출되는 뻔한 생"으로 화하여 도시의 섬뜩한 일상 속으로 파고든다.

시인은 이처럼 비극적인 일상을 살아가는 인물들의 맞은편에 안구 건조증에 걸린 사람들의 메마른 감정을 맞세우고 있다. 안구 건조증에 걸린 사람들을 멀리서 찾을 필요는 없다. 햇빛 무성한 날, 번듯한 옷차림으로 배밀이를 하는 사내에게 농치는 웃음소리를 던지는 사람들이 바로 안구 건조증에 걸린 환자들이기 때문이다. 시인은 안구 건조증을 "현란한 세상 빛에 지친 혈관의 치매증"(「안구 건조증」)이라고 이야기하고 있다. 현란한 세상 빛에 눈이 멀어 잊지 말아야 할 것을 우리가 잊고 있다면, 문제는 결국 기억할 것은 기억해야 한다는 '기억의 윤리'로 모일 수밖에 없다. 우리가 잊지 말아야 할 것을 기억한다는 점에서 기억은 이미 선택적인 기억이라고 말할 수 있다. 기억해야

할 것을 기억함으로써 시인은 이 섬뜩한 일상과 대면하는 힘을 시의 세계로 불러내고 있는 것이다.

2.

기억의 중심에는 가족들의 뿌리 깊은 상처가 오롯이 자리하고 있다. 상처 없는 사람들이 어디에 있을까마는, 중요한 것은 상처 자체가 아니라 그 상처를 시적으로 사유하는 과정(방식)에 있을 것이다. "홀연히, 새벽에 깨어 앉아/ 잠든 식구들 둘러보는"(「중년」) 아비의 시선으로 펼쳐지는 상처의 시학은 주변인(아웃사이더)으로 살아온 시인의 삶을 타자들의 고통스런 삶과 이어지게 하는 매개로 작동한다. 아버지의 한(상처)이 두드러지게 나타나는 이번 시집에서 시인은 껍데기처럼 비워진 아버지의 삶을 생의 중심으로 반복해서 불러내고 있다. 그것은 상처 입은 자에 대한 기억의 차원을 넘어, 그 기억 속에 새겨진 상처를 지금 여기로 불러내는 진혼(鎭魂)의 차원으로까지 나아간다. "식솔들 끼니 걱정이 불러온 병"(「유물론」)에 걸려 정신줄을 놓은 아버지의 얼굴에는 이미 저승꽃이 피어 있다. "붉은 체관 타고 오르는 씨앗들 생각에 봄보다 먼저 꽃물 드는 아버지, 봄산처럼 휘황한 꽃상여 되어가네"(「꽃 피는 아버지」)에 나타나거니와, 아버지의 얼굴에 핀 저승꽃은 무엇보다 새로운 알에게 온갖 영양분을 주고 스스로는 껍데기에 이르는(「알—내력」) 희생적 삶의 여정을 그대로 반영하고 있다. 아버지의 죽음은 그러니까 새로운 씨앗이 싹트는 토대가 된다. "실향의 비탈진 삶"(「이장(移葬)」)을 뒤로 한 채 식솔들의 끼니 걱정에 온 생을 바친 아버지의 삶은 곧 이 시대 아버지들의 그것과 다르지 않을 것이다.

중년의 쓸쓸함을 시적 정조로 하고 있는 박일만의 시에서 이러한 아버지의 삶은 어머니의 삶이나 아내의 삶을 시화하는 밑바탕으로 작용하고 있다. 여기, 백일을 못 넘기고 죽은 아기를 잊지 못해 가슴에 응어리가 맺힌 어머니가 있다. 끝내 삭이지 못한 응어리는 이제 "키가 큰 돌멩이로 자라"나 "짐승 같은 기침"으로 어머니를 한없이 괴롭힌다(「어머니의 담석」). 마음의 고통이 몸의 고통으로 이어지는 어머니의 이러한 정황은, 「빈 항아리」에서는 "품었던 알들 모두 키워 내보내고/ 텅텅 울리는 빛바랜 항아리"로 표현되고 있는 바, 어머니 역시 아버지처럼 씨앗들을 위해 희생하는 삶을 살아온 셈이다. 아버지—어머니가 살아온 삶은 아내를 통해 지금 이곳에서 다시금 반복되고 있다. '생활전사'의 이미지로 부각되는 아내의 형상은, 알에서 껍데기로 서서히 존재 변화(「알 —내력」)를 해온 시인의 인생사와 직접적으로 연결된다는 점에서, 눈여겨 볼 필요가 있다고 하겠다.

아내가 기계를 들여왔다
새 식구처럼 거실 한쪽을 차지한 기계
전자부품 완성 하나에 육십 원이란다
온종일 돌려대도 백 개를 못 채우고 기진맥진,
육천 원이면 한 끼 값은 족하다고 강변하겠지만
노동의 대가치곤 박하다 싶다
돌아가는 기계 소리에 월급봉투 얇은 나만 좌불안석
덜덜거리는 기계 소리가
내 가슴 밑바닥에 전차 바퀴자국을 찍어댄다
그때마다 폭폭 꺼지는 내 심중은 아랑곳없이 열중하는 그녀
저 소리는 분명 나를 향한 시위이리라
아이들이 클수록 더욱 생활전사가 되어가는 그녀 앞에
알량한 내 자존심은 한없이 주눅 든다
삶은 곧 전선 없는 국지전이란 듯
아침부터 저녁까지 집안가득
드르륵 드르륵 난사되는 기관총
물끄러미 쳐다보는 나를 겨냥해
그래도 그게 어디냐고, 땅 파면 돈 나오느냐고
곁눈질 한번 주지 않고 기계를 돌리는 여전사

아내가 쓰러져 잠들자 가만히 내가 기계를 돌린다
드르륵, 드르륵, 덜덜덜

—「부업」 전문

생활은 전쟁이다. 아버지—어머니의 삶에서도 제시되었지만, 위 시에 나오는 아내는 말 그대로 "생활전사"이다. 남편의 얇은 월급봉투를 보충하려면, "알량한 내 자존심"과는 상관없이 아내는 "여전사"처럼 기계를 돌리고 또 돌려야 한다. 그악하게 살아야 그나마 아이들 밥 굶기지 않고 살 수 있다. "삶은 곧 전선 없는 국지전이란 듯" 집안에서도 기관총을 난사하는 아내의 모습은 아버지—어머니가 살아온 삶과는 또 다른 맥락으로 시인의 심금을 울리고 있는 것이다. 「나는 수거된다」를 보면, 이러한 아내의 뒤를 "어느새 쫄래쫄래 뒤따르는 나"의 모습이 묘사된다. 남편과 아내의 관계가 아니라 엄마와 아이의 관계를 연상시키는 이 장면은 아내의 그늘에서 새로운 '아이'로 태어나는 화자(남편)의 면모를 분명하게 보여준다고 하겠다.

어떻게 보면 퇴행의 기록으로 읽을 수 있는 이 부분을 어떻게 평가해야 할까? 「아내의 거울, 혹은 렌즈」에서 시인은 "마주치지 않아도 속내를 훤히 아는 저 섬뜩함"으로 나를 읽는 아내의 모습을 그리고 있다. 아내는 "도마 위에 내 얼굴을 올려 놓고 한껏 다지기도 하"고, "잦은 음주가무와 늦은 귀가에도 비 샐까 눈 들까 연잎 같은 믿음 펴주" 기도 한다. 하지만 아내는 "물밑에서 눈동자만 굴리고 있는 나를 속속들이 알고 있"는, 남편의 입장에서 보면 무섭고도 무서운 사람이다. 다시 말해 아내의 믿음은 나를 속속들이 알고 있다는 자신감에서 나오는 것이다. "얼마나 유심히 살폈으면 두 눈이 넷 되고 볼록 되고 오목으로 변했을까" 라는 부분에 나타나듯, 나는 아내 앞에서는 이미 "알몸" 일 수밖에 없다. 속이고 싶어도 속일 수 없는, 숨으려 해도 숨을 수 없는 상황이 화자를 아이로 만드는 단서라고 한다면, 시인의 아이—되기는 결국 생활전사로서 아내의 모습에 내재된 대지모신(大地母神)의 이미지를 강조하기 위한 일종의 방법론으로써 실천되고 있다고 볼 수 있을 것이다.

아이에게 젖을 물리고 있는 여자에게선
흙냄새가 난다
퉁퉁한 젖살에 불거진 힘줄을 통해
씨앗들이 무시로 넘나들기 때문이다
아이는 어미의 심장이 생산해내는
씨앗이란 걸 아는지 모르는지
젖 빠는 일에 열중이다
깊은 심장에서 자라난 씨앗들은
뿌리를 뻗고, 뿌리는 샘물을 긷는다

그러므로 여자의 몸속에는 깊은 우물이 있다
아이의 우물, 내력의 우물,
심지어는 제 몸을 부풀려
젖을 길어 대를 이어 물리는 일이다
조물주가 잘 빚어 세상에 내려준
촉촉한 농부,
여자의 몸빛이 젖빛인 까닭도
거기에 있지 않을까

—「파종播種」 전문

생활전선의 '여전사' 이미지와 비교한다면, 위 시에 드러나는 여자(아내)의 이미지는 "촉촉한 농부"라는 시구가 의미하는 대로, 대지모신의 이미지와 상당히 닮아 있다. 여자의 몸속에 자리 잡은 깊은 우물이 씨앗들을 길러내는 힘이라면, 씨앗들은 무엇보다 여자의 이러한 우물에 뿌리를 내리고 있어야 제대로 성장할 수 있다. 「나는 수거된다」에 나타나는 '수거'의 의미는 정확히 이 지점을 가리키고 있는 바, 그것은 저 섬뜩한 일상의 폭력을 견디게 하는 힘으로서 어머니—아내가 지니고 있는 상징적 의미와 무관할 수 없다고 하겠다. 파종의 이미지는 「아내의 함몰유두」에서 다시 한번 반복되고 있는데, "아이가 들어서면서부터 함께 자"라는 아내의 유두를 통해 시인은 여자의 중심이 종국적으로는 씨앗의 성장과 연관되어 있음을, 그리하여 "그 밋밋하고 검은 점은/ 아이들의 몫이었던 것"을 깨닫게 된다.

아내의 모성과 관련된 '오래된 기억'의 시학은, 「어미」라는 시에서는 제 스스로 그늘을 만들어 새끼들을 키우는 "위대한 어미들"의 이미지로 나타난다. "햇빛, 달빛에 번갈아 쏘여 민머리가" 되면서도 새끼들을 끝내 키워내는 "얼간이새"의 모성은 본능이 아니면 설명할 도리가 없다. 가부장제 사회의 모성과는 상관이 없는 이 신화적 모성의 공간에서는 "시간도 기꺼이 천천히 그늘을 지운다". 어미만 그런 게 아니다. 「나무 가족사」를 보면, "핏기 가시고 관절 꺾이어 반쯤 몸 기울인 어미"가 "장성한 자식들이 기막히게 뻗은 손에 기대어/ 버티고 있"는 장면이 묘사된다. "간신히 숨 붙어 있는 어미를 자식들이/ 양손 겨드랑이에 넣거나 어깨를 받치고/ 어미도 곁의 자식들에게 마지막 남은 온기를/ 건네주고 있"는 정황은 생명이 남아 있는 한 영원히 살아남을 '오래된 기억'의 진정한 내용을 분명하게 보여준다. 박일만 시의 밑바탕에 스며들어 있는 여성(모성)의 이미지는 곧 살아 있는 생명들의 연대를 이끌어내는 시적 단서로 자리매김되고 있는 것이다.

3.

박일만은 이처럼 전쟁과 같은 섬뜩한 일상의 너머에서 여전히 살아 숨 쉬고 있는 오래된 기억의 흔적들을 발견한다. 씨앗들에 대한 어미의 정으로 통칭되는 이러한 흔적들은 가족의 한계를 넘어 사회의 중심에서 배제된 존재들을 시화하는 과정에서도 반복적으로 표출되고 있다. 이를테면, 「강변, 두만(豆滿)」이라는 시는 두만강을 건너 중국으로 넘어온 꽃제비들의 비참한 삶을 묘사하고 있으며, 「놋쳉잉 씨」는 "아이 셋을 낳고도 한국인 되지 못"한 놋쳉잉의 서글픈 삶에 초점을 맞추고 있다. 미군 장갑차에 치여 죽은 여중생들의 한스러운 삶을 기록한 「자본」과 더불어, 이 세 편의 시들은 박일만 시에서는 드물게 사회적으로 이슈가 된 사건을 시의 세계로 불러내고 있다. "어른들이 장난처럼 쳐 놓은 국경을/ 버즘꽃 핀 홍안의 새 새끼들이 돌고 도는 강변"에 표현된 바, 시인은 어른들로 대변되는 중심의 논리에 치여 파괴된 생명의 터전에 사회적 상상력의 칼날을 들이대고 있는 것이다.

중심의 논리는 안과 바깥을 나누고, 바깥의 존재들을 철저하게 외부로 배제해버린다. 오래된 기억의 세계와는 다른 이 섬뜩하면서도 천박한 자본의 세계는 포르노처럼 노골적으로 욕망을 드러내며 세상의 구석구석으로 침투해

들어가고 있다. 따라서 문제는 당연히 이러한 포르노적 욕망에 어떻게 대응할 것인가, 하는 점으로 집중된다. 「낫」을 참조한다면, 시인은 "불의 뜨거움 속에서/ 순함을 다스려 우려낸 몸"에 무엇보다 주목하고 있다. 저잣거리를 떠돌던 천박한 태생의 '낫'은 "짙푸른 분노를 두드려/ 날카로움을 얻었"다. 낫의 날카로움은 그러나 포르노적 욕망을 단번에 베는, 그런 날카로움으로 제시되지 않는다. "그 품성이 매사에 도리를 다하는/ 촌부의 둥근 갈비뼈를 닮았다"에 표현되는 대로, 시인은 날카로움보다는 부드러움에서 낫의 진정한 본성을 찾아내고, 그것을 포르노에 집착하는 자본의 욕망에 맞세우고 있다. 물론 시인이 이야기하는 부드러움은 "짙푸른 분노를 두들겨/ 날카로움을 안으로 숨긴" 부드러움이라는 점에서, 날카로움을 내장한 부드러움이라고 말할 수 있다. "침묵을 섬기는 몸"으로 비유되는 낫의 형상에 포르노(자본)의 노골적인 시선에 대항하는 시인의 시적 논리가 숨어 있는 셈이다.

기대오는 온기가 넓다
인파에 쏠려 밀착돼 오는
편편한 뼈에서 피돌기가 살아난다
등도 맞대면 포옹보다 뜨겁다는
마주보며 찔러대는 삿대질보다 미쁘다는

이 어색한 풍경의 간격
치장으로 얼룩진 앞면보다야
뒷모습이 오히려 큰 사람을 품고 있다
피를 잘 버무려 골고루 온기를 건네는 등
넘어지지 않으려고 버티는 두 다리를 대신해
필사적으로 서로의 버팀목이 되어준다
사람과 사람의 등
비틀거리는 전철이 따뜻한 언덕을 만드는
낯설게 기대지만 의자보다 편안한
그대, 사람의 등

—「등」 전문

자기의 등을 볼 수 없다는 점에서 등은 이미 타인의 등을 전제한다. 등을 맞댄다는 것은 그러므로 "마주보며 찔러대는 삿대질"의 폭력성, 다시 말해 동일성의 폭력을 거부하는 것과 다를 바 없다. 낯선 이의 등에서 느끼는 편안하고 따스한 느낌은 바로 이러한 폭력의 부재로부터 비롯되고 있거니와, 자본의 폭력성에 대항하는 시적 논리는 무엇보다 "사람과 사람의 등"을 잇대어서 만든 "서로의 버팀목"을 통해 이루어진다고 하겠다. 중요한 것은 자본의 중심에서 배제된 사람들의 이와 같은 부드러움의 방식이 실제의 현실 속에서 어떤 맥락을 지닐 수 있는가를 진지하게 탐색

해야 한다는 점에 있다. 날카로움을 내장한 부드러움을 이야기하는 시인들은 많았지만, 이러한 부드러움의 형식이 현실화되는 과정을 탐색한 시는 그리 많지 않았던 것이 사실이다.

주변인을 자처하는(「중심을 빼다」) 시인의 입장을 고려할 때, 부드러움은 자칫 아웃사이더로서의 자신을 합리화하는 것으로 비쳐질 수 있다. 부드러움에 내포된 시적 문맥을 시인 스스로 정립하는 과정이 필요한 이유는 여기서 찾을 수 있다. 시인은 부드러움이 새겨진 새로운 중심의 장소로 땅끝을 선택한다. 새로운 중심이라고 했지만, 그것은 무언가를 배제하는 폭력적인 중심이 결코 아니다. 그에게 땅끝은 "땅과 물이 애초부터/ 하나임을 보여준" 곳이며 "여러 갈래로 휘청이던 길이 몸을 포갠 곳"이다. 요컨대 땅끝은 "처음과 끝이 뒤섞"인 태초의 장소로 의미화되고 있는 바, 땅끝을 새로운 시작(始作/詩作)의 장소로 삼은 시인의 의도는 이로써 충분히 드러났다고 해도 좋을 것이다.

하지만 새로운 시작을 선언한다고 해서 새로운 세계가 펼쳐지는 것은 아니다. 새로운 시작(始作)에 맞는 새로운 시작(詩作)이 구체화되지 않는다면, 새로운 시작은 단순히 선언에 그치는 결과를 낳기 때문이다. 「내소사」에서 시인은 "경계에 쭈그리고 앉은 나"가 메아리가 읽어주는 독경소리를 들으며 "조용히 세상과 나의 경계를 허"무는 상황을 그려내고 있다. 내소사 주변의 숲을 바라보다가 저도 모르게 화자는 초록의 세계에 물든다. 나와 사물의 경계가 사라지는 상황은 물론 찰나에 이루어지는 시적 직관의 순간을 의미할 것이다. 나를 놓는 순간에, 다시 말해 중심을 빼는 순간에 현현하는 이 오래된 기억의 세계는 타자의 등으로부터 전해져 오는 온기만큼이나 따뜻한 시의 세계를 구축한다. 나를 놓는다는 건 돌려 말하면 주변인의 마음으로 중심의 세계와 맞서는 것을 가리킨다.

지하역에 서서
허공에 말을 쏟아내는 하얀 손가락
신문을 보고 있거나 무표정한 청중사이
무슨 연설하는지
나를 향한 것인지
나는 그 긴 문장을 읽으려고 발돋움 한다
그녀가 허공을 휘저을 때마다
내 안에 무수한 동그라미가 생기고
자음과 모음이 쌓이고
한 폭의 커다란 그림이 펼쳐진다
전동차가 다가오며 창마다 그녀를 가두자
그녀가 잠시 상영…
느리게 문이 열리고 빠르게 닫히고

전동차 속으로 빨려드는 그녀
창문 칸칸마다 따스한 그림이 내걸린다
무엇일까, 해독할 수는 없지만
그녀가 쏟아놓은 씨줄과 날줄은 어느새
넘쳐나는 말 속에 살고 있는 나에게
말없이 손짓만으로도 통하는 길을 일러준다
소음도 뚫고 공간을 건너 반대편 예까지 연출되는
그 소리없는 율동이 지하역을 환하게 밝힌다
팔랑거리는 그녀,
나비가 되어 날아간다

—「수화하는 여자」 전문

여자는 하얀 손가락으로 허공에 말을 쏟아내고 있다. 수많은 말들이 과시적으로 펼쳐지는 말들의 세상에서 여자의 말은 말없음이라는 역설적 맥락으로 이 세상에 들어온다. 중요한 것은 여자의 이러한 말이 "내 안에 무수한 동그라미"를 만들고 있다는 점에 있다. 여자의 하얀 손가락이 그려내는 자음과 모음의 "커다란 그림"은 해독할 수 없는 기호들이 넘쳐나는 세상을 살아가는 화자(시인)에게 "말없이 손짓만으로도 통하는 길을 일러준다". 사물의 본질을 '죽여야만' 생성되는 언어(말)의 특성을 생각한다면, 여자의 손짓에는 무엇보다 말에 새겨진 살해(!)의 맥락이 제거

되어 있다. "그 소리없는 율동이 지하역을 환하게 밝힌다"는 구절은 '말없음'의 이러한 특성을 일러주고 있는 바, 나비가 되어 날개를 팔랑거리며 날아가는 여자의 형상은 의미의 너머에서 새롭게 펼쳐지는 율동의 시학을 분명히 보여준다고 하겠다.

율동의 시학은 「불난타」에서 "석유향에 취해 하늘땅과 춤을 추"며 노래하는 여장남자의 "품바!" 타령으로 변주되고 있으며, 「엿장수」에서는 "대명천지에 칼꽃을 튀기며/ 온 동네를 피로 물들이는/ 예리한 손놀림의 저 검객"으로 표현되고 있다. 품바 타령을 부르는 마흔의 각설이 사내(여장남자)나 엿장수는 배밀이를 하며 시장바닥을 건너가는 민달팽이 사내와 함께 밑바닥 인생을 대표하는 전형들이라고 할 수 있다. 이들은 "나날이 줄어 가는 저 화려한 세상"(「장외(場外)」)의 이면에서 "더러는 멱살을 쥐다 가고/ 더러는 악다구니를 쓰"며 자신들을 배척하는 중심의 세상을 향해 끊임없는 구조의 신호를 보낸다. 애절할 수밖에 없는 이들의 신호를 박일만은 말없는 손짓의 언어로 해석하여 시의 세계로 불러낸다. 하얀 손가락의 소리 없는 율동으로 지하역을 환하게 밝힌 후 나비가 되어 날아간 지하철 여자도 그렇지만, "낡은 트럭 짐칸에 앉은 국화빵 여자"의 소리 없는 미소 역시 "손짓, 몸짓만으로 세상을 읽"(「득음」)으려는 시인의 독특한 눈을 통해 새로운 의미를 얻고 있다.

"말없이 통하는 절 한 채"(「득음」)로 다가오는 타자들의 세계를 향해 시인은 지금 맹렬하게 달려가고 있다. "중심이 솟아납니다"(「땅끝」)라는 진술의 의미는 정확히 이 지점과 이어지거니와, 날카로움을 내재한 부드러움의 시학은 실상 타자들의 이러한 율동(미소)을 시화하는 데서 그 의미를 획득한다고 보면 좋을 것이다. 중심의 바깥에서, 혹은 가난한 이들의 낮은 세계에서 펼쳐지는 득음(得音)의 경지, 다시 말해 타자들의 '말없는 손짓'에 주목함으로써 시인은 마음 속에서 아련하게 피어오르는 중년의 쓸쓸함을 훌훌 털어내고 있는 셈이다.